re-naître

Marine Stouppou

re-naître

© 2022, Marine Stouppou
Illustrations : Marine Stouppou

Édition : BoD – Books on Demand, info@bod.fr
Impression : BoD – Books on Demand, In de Tarpen 42, Norderstedt (Allemagne)

ISBN : 978-2-3224-5955-1
Dépôt Légal : Octobre 2022
Tous droits de reproduction, d'adaptation et de traduction, intégrale ou partielle réservés pour tous pays. L'autrice est seule propriétaire des droits et responsable du contenu de ce livre.

*Aux mères,
à celles qui le deviendront
et celles qui auraient voulu l'être.*

À ma fille.

« *La grossesse glorieuse, plénitude de l'âme et du corps, je n'y crois pas, même les chiennes qui portent montrent les dents sans motif ou somnolent hargneusement.* »

Annie Ernaux - La femme gelée

« *Certaines femmes disent qu'être mère est leur plus grande réussite. Mais je ne sais pas, je n'ai pas l'impression d'avoir réussi grand-chose pour le moment.* »

Ashley Audrain - Entre toutes les mères

« *Le nerf de la guerre du féminisme, c'est la maternité.* »

Cécile Doherty-Bigara - Nouvelle mère

L'attente est surement ce qu'il y a de plus difficile.
Voir les mois qui défilent,
Moi, ça me rend fébrile.

~~suis-je stérile ?~~

Les larmes coulent jusqu'à désarmer mon âme.

Je ne les ai jamais même aimées. **Plutôt détestées même.**

J'ai dû les voir revenir chaque mois depuis ma douzième année de vie.
J'ai dû apprendre à vivre avec elles, dans la douleur, dans la peur.

Maintenant, j'ai envie de les haïr.

Je détestais qu'elles me fassent souffrir. Je crois que je déteste encore plus qu'elles t'éloignent de moi pour encore un mois.

Un mois de trop. Un mois de moi sans toi.

La couleur rouge est la couleur que j'aime le moins. Je l'associe à la douleur : douleur physique, douleur psychique, douleur du cœur.

Mon cœur souffre de ne pouvoir t'avoir à cause de la règle qui dit que.
À cause de ces foutues règles qui font que.

Un mois de trop.
Un mois de moi sans toi.

Ce sang que je déteste

Très certainement, le stress provoque ta détresse.
Tire d'un coup sec sur cette tresse, il n'en reste qu'un DÉ.

Un dé,
une chance sur six,
à chaque lancer.

Certains chanceux y parviennent dès le premier lancer, d'autres au bout de quelques essais et d'autres encore n'y parviendront jamais.

À toi de jouer.

Elles roulent,
Elles coulent sur mes joues.

Elles roulent,
Elles jouent à faire la course sur mes joues.

Mais, qui arrivera le plus vite jusqu'à mon cœur ?
Elles sont salées.
Elles me font couler du nez.
J'ai besoin d'un moment de douceur.

Torrent de larmes sur visage fatigué et cœur abimé.

Tristesse inaudible.
Tristesse invisible.
Les larmes coulent toujours en privé.
Faut pas déconner.

À la ~~guerre~~ mère comme à la ~~guerre~~ mère

Quand nos essais n'aboutissent pas j'ai l'impression que mon propre corps est à l'essai.

Comme s'il était là, en CDD, mais qu'il n'avait pas encore envie de choper son CDI.

Comme s'il n'avait pas suffisamment confiance en moi pour t'accueillir chaleureusement sous mon toit.

J'ai envie de le rejeter, de lui prouver qu'il a tort, de le malmener, de le taper si fort !

À corps et âme, encore, mon corps s'il te plait, viens on essaye *en corps* ?

Le moment le plus difficile dans cette période : quand le doute s'insinue dans ta tête.
Quand il te répète, à tue-tête, qu'il faut que tu arrêtes.

Tu es bien trop épuisée pour remettre en question ces phrases bidons, tu y crois.

Toi.

Tu te sens nulle.
Tu te sens nue.
Tu te sens mise à nu.

Tu essaies de passer au-dessus.
Mais, c'est toujours à ce moment précis que le doute, de nouveau, s'insinue.

Ta pauvre petite tête.
Elle questionne, elle s'entête.
Elle aussi se sent nulle.
Mais elle comprend qu'il faut sortir rapidement de cette bulle.

Le doute peut être redoutable, il te dégoute.

Alors écoute toi,
Chouchoute-toi,
Et ne doute pas de toi.

... I

À ces rendez-vous, assise sur la cuvette froide des toilettes, culotte baissée, le matin au réveil, la tête dans le Q.

À ces bâtonnets de plastique trempés d'urine.

À ces larmes qui coulent sur les joues d'espoirs brisés. À ces rendez-vous manqués.

... I I

À ces larmes qui coulent sur les joues d'espoirs rêvés. À ce rendez-vous tant espéré.

À ce bâtonnet de plastique trempé d'urine qui change une vie.

À ce rendez-vous, assise sur la cuvette froide des toilettes, culotte baissée, le matin au réveil, la tête dans le Q, **le cœur en fleur.**

J'avais une idée précise de l'annonce :
marquer le coup sans trop de fioritures.
C'est que c'est important l'annonce.

Puis finalement il y a les principes et la vraie vie.

Dans la vraie vie il y a juste eu trois mots de prononcés, le test à la main, à 5h du matin. Ce doux matin de l'annonce. Ce doux matin du reste de notre vie.

Tu es venue à moi assez naturellement finalement.

Oui j'ai trouvé le temps long, mais finalement tu es bien vite arrivée sous mon nombril.

Il semblerait que tout se passe bien jusque-là, donc, merci pour ça.

toi, toi(t), toi.

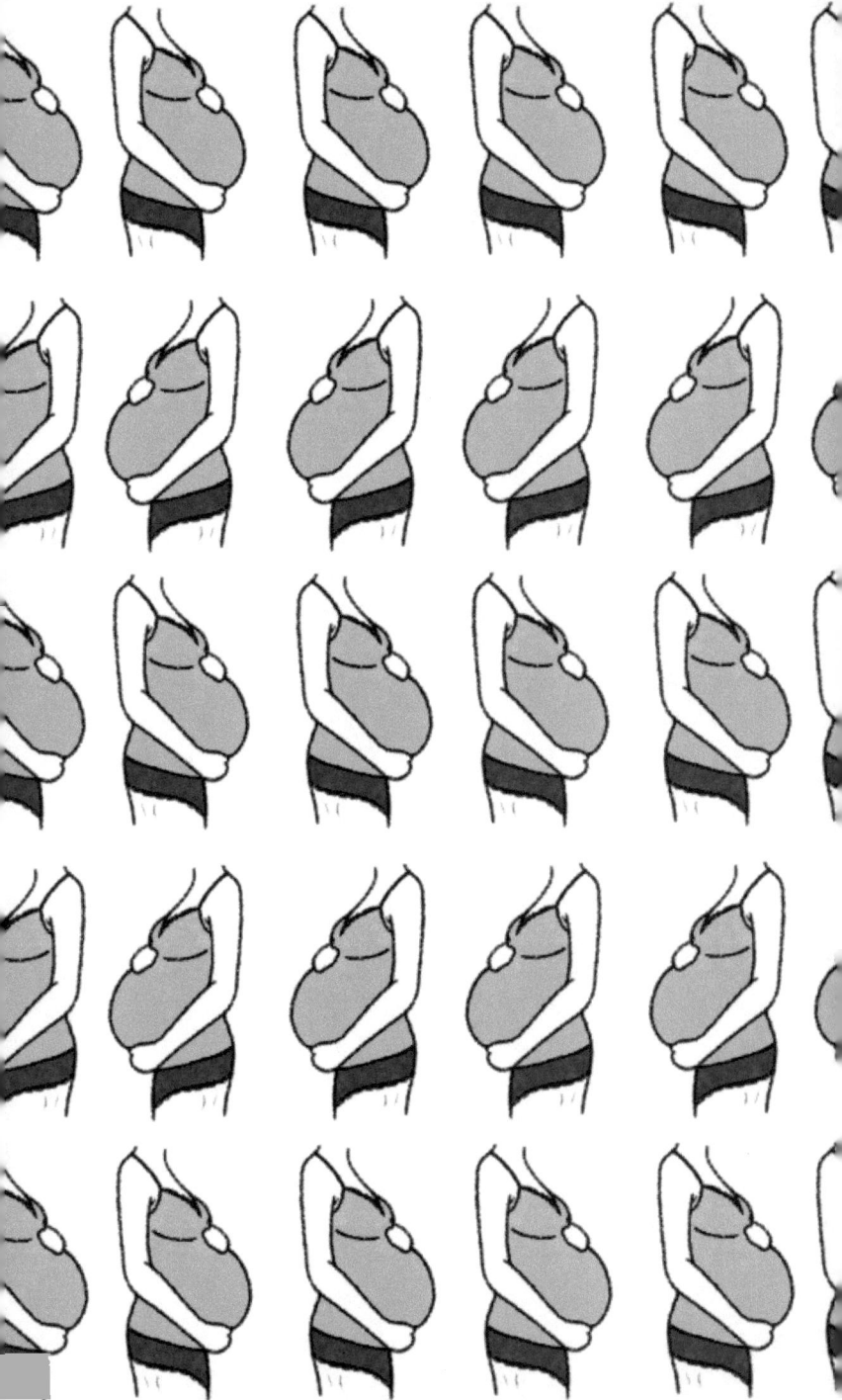

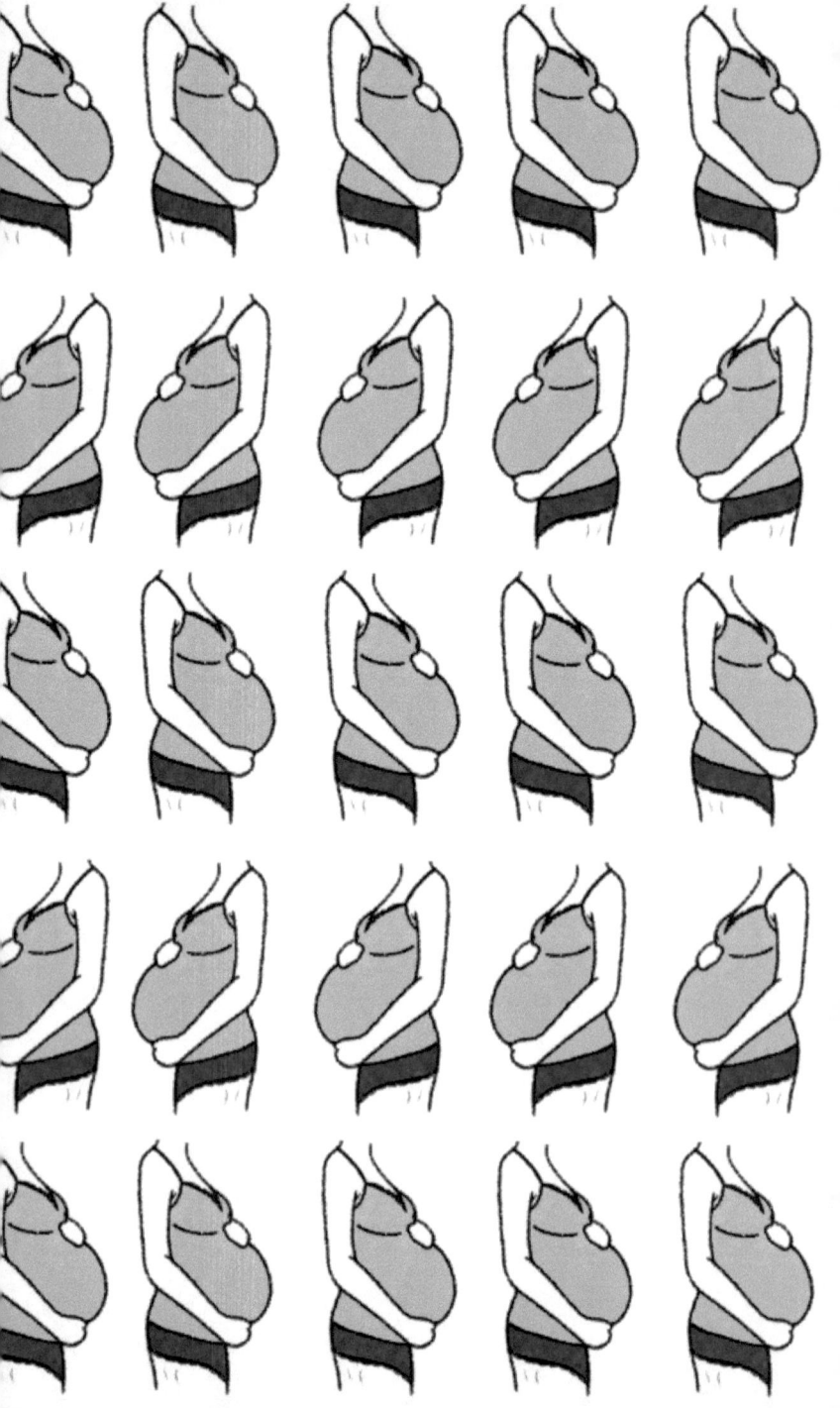

Un mois de toi.
Un mois que tu es nichée juste là, sous moi.
Je ne te vois pas.
Je ne te ressens pas.
Pourtant, **tu es bien là.**

Mois 1

Au creux de ce mois (à) deux.

Mois 2

Un, deux, trois, nous irons au mois trois.

Mois 3

Je commence à parler en langage codé.

Je parle de **SA, SG.**

Je parle de **T1, T2, T3.**

BETA HCG, ECBU, TOXO.

Un ensemble de lettres,
encore méconnues,
qui deviennent aujourd'hui ma nouvelle unité de mesure.

Comme si le temps était compté à présent et qu'il me fallait désormais tout annoter pour ne plus (m')oublier.

Le langage de la grossesse

Maintenant, pour moi, il n'y a rien de plus effrayant
que de me rendre aux toilettes.

**J'ai peur de ce que je peux voir au fond de la
cuvette.**

Au début, les risques sont si importants
que si je le pouvais je n'irais plus.

Je me surprends à angoisser
à chaque nouvelle envie de pisser.

Je me surprends à m'affoler quand
je coupe un morceau de papier.

pas de sang
pas de sans

Essuyer, prier, observer, respirer.

On
aurait
pu
me
prévenir.

J'ai
passé
les
premières
semaines
de
notre
vie
à
dormir.

J'ai vécu une **grossesse masquée.**
Tous mes rendez-vous sont masqués.

C'est moi ou personne ne se réjouit de ton arrivée ?

Ou alors c'est l'impression que j'en ai à cause de leurs sourires cachés, effacés, masqués ?

Bas les masques, vous m'avez fait vivre…

une grossesse masquée
une grossesse manquée

Te voir pour la première fois.

Petit être de noir et de blanc,
patchwork de gris.

Effusion d'amour,
une larme qui coule,
moi qui souris.

Entendre ton cœur battre en moi.

Des battements si rapides
qui font que tu vis, juste ici.
qui font que je vis, ma première échographie.

Et tout doucement, glisser vers le second trimestre, sans s'en apercevoir.

Mois 4

Un.
Deux.
Trois.
Quatre.
Cinq.

20 semaines d'aménorrhée.
20 semaines à s'apprivoiser.

Déjà plus de la moitié de passée.

Un, deux, trois, quatre, cinq mois.

Mois 5

Arron-dis, tu ne veux pas sortir un peu ?

Arron-dis, tu ne veux pas te montrer aux autres ?

Arron-dis, tu ne veux pas t'arrondir ?

                                                          Arrondis.

Un jour d'automne tu te manifestes avec envie.

Un petit coup sous le nombril, le premier d'une longue série.

Quelle folie ce cadeau de la vie, *quelle magie.*

Si l'on m'avait dit le nom de tous les aliments auxquels je n'aurais plus le droit pendant ces neufs mois,

Je pense que la veille de t'avoir niché au creux de moi,
J'aurais fait une **overdose** de tout ça :

> Œuf au plat et fromages à moisissure,
> saumon cru et sushis,
> mojitos et spritz,
> thé et café,
> douceurs sucrées,
> pain et pâtes blanches.

Toxoplasmose, listéria, diabète gestationnel

Ce qui est fou avec la grossesse c'est que tout s'intensifie.

> La joie s'intensifie,
> La fatigue s'intensifie,
> La culpabilité s'intensifie,
> La peur s'intensifie,
> Les kilos s'intensifient
> Les douleurs s'intensifient.

9 mois intenses, à se fier à cette intensité.

Le point positif des hormones **vous me demandez** ?

Des cheveux en parfaite santé et un *glow* à la Beyonce, voilà ce que **je vous répondrais**.

Who run the world ?

Il tire, il se cambre.
Je m'étire, pour l'étendre.

Pourquoi me fait-il tant souffrir ?
Lui qui me soutient et qui a tant encore à m'offrir.

L'impression d'être passée sous un hachoir. De broyer du noir.

Malheur, je t'ai en horreur.

Je crois que c'est officiel,
j'en ai plein le dos,
de ces querelles avec mon dos.

Une échographie de planifiée pour enfin nous annoncer de quel bord tu es.

À vrai dire, je n'ai pas de préférence.
Je veux juste que tu (m')arrives en bonne santé.

Un petit pied, un petit nez.
Ah ça y est, on le sait.

Garçon ou fille.
Un ou une.
Il ou elle.

Après tout ton genre ne fait pas ton identité alors peu importe.
Qui que tu sois,
Bats-toi pour toi,
Bats-toi pour tes droits.
Bats-toi.

Garçon ou fille.
Un ou une.
Il ou elle.

Qui que tu sois, moi, je t'aime déjà.

~~**Ma fille**~~, moi, je t'aime déjà, où que tu sois dans ce monde, bats-toi.

Évidence *(n.f)* :

Prononcer un prénom en pensant à toi et voir nos yeux s'illuminer de bonheur.

À nos six mois, intra utéro.

(Assis-moi)

Mois 6

Cela fait déjà sept fois que je tombe sur le chiffre qui sera celui qui deviendra ton mois de naissance.

Mois 7

Ça monte, ça monte, ça monte.

Remontée
Acidité.

Ça monte, ça monte, ça monte.

La sage-femme demande d'espacer les repas, de les fractionner.
Pour éviter, limiter, les remontées d'acidité.
Ne surtout pas s'allonger, ça pourrait empirer.
Moins manger, ça peut s'essayer.

Ça monte, ça monte, ça monte.

Remontée - Acidité.
Qu'est-ce que vous pouvez m'agacer !

Sacrées acidités !

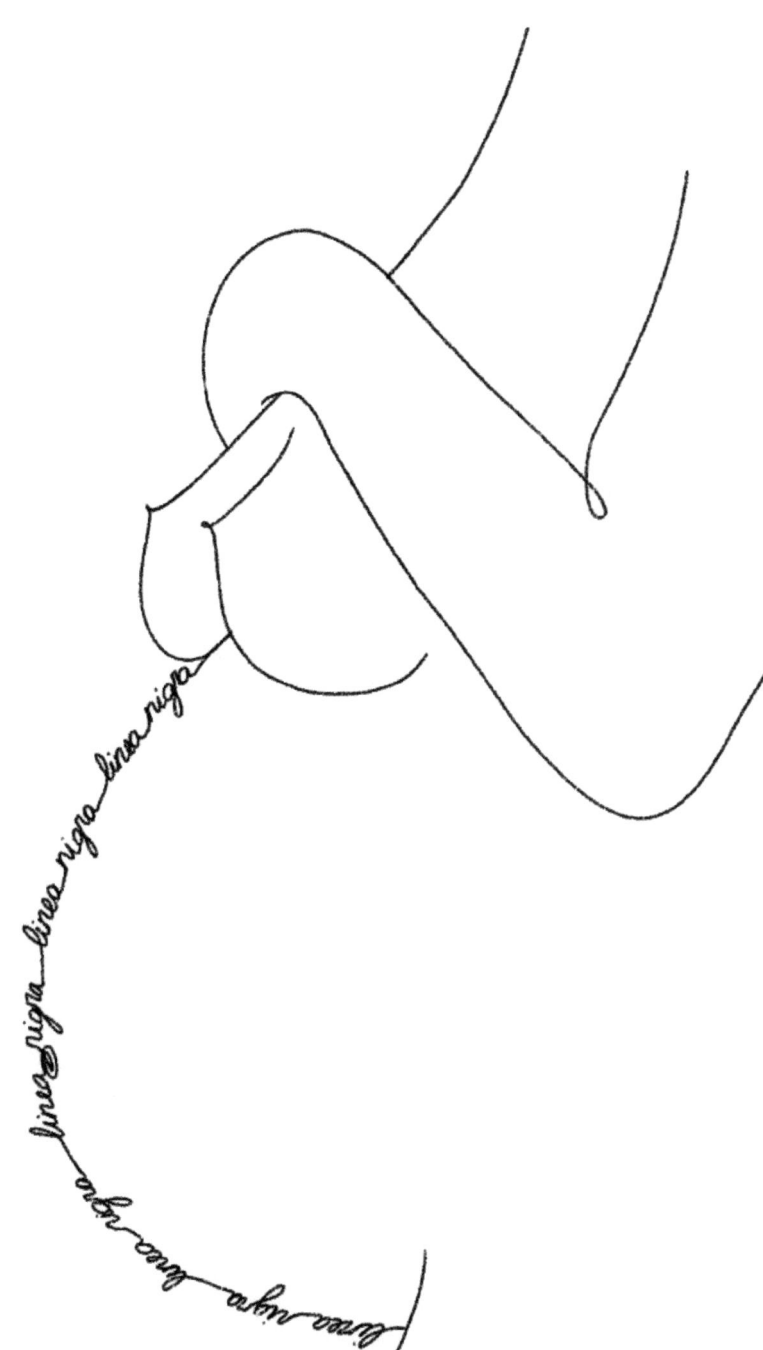

Je compte les secondes, les minutes, les heures, les moutons.
Le temps est long.

Je ne comprends pas,
Pourquoi, le soir, je ne dors pas ?

        Au fond de moi je ne veux plus que ça :
                DORMIR

Mais tu as décidé de m'en empêcher.

Dès que mon corps se met en position allongée,
De ton côté tu décides de te mettre à bouger.

Alors je compte, les secondes, les minutes, les heures, les moutons,

Mais bon sang que le temps est long.

Et puis un jour tu décides qu'il n'y a pas assez de place sous mon nombril et qu'il est temps d'agrandir le lieu.

Et pourquoi pas se faire un petit T2 ?
On pousse un peu les murs,
on pousse un peu même si c'est dur !
Un petit coup de pied.
Une côte déplacée.
D'ailleurs si tu pousses trop elle pourrait peut-être se fêler ? Qui sait !

> Quelques
> Difficultés
> À Respirer.

Encore plus de remontées à cause de ce petit pied mal placé.
Mais c'est ok, bébé a désormais plus de place sous mon nombril.
Ça sautille, ça roupille.

T2 sous le nombril et côtes brisées,
Comment ça, ça ne fait pas rêver ?

Je perds patience avec la patience elle-même et je m'impatiente de la retrouver.

Parce que sans patience je crois,
Parce que sans patience je sais,
que je ne supporte plus rien,
ni personne.

Agacement,
irritation,
impatience.

Je perds patience

Le plus beau moment de cette grossesse c'est bien celui-ci :

Préparer ton petit nid.

Choisir les couleurs qui vont habiller ton mur, les premiers jeux en bois, ton lit.

Imaginer les coins et l'ambiance qui va se dégager de ce lieu plein de vie.

Les possibilités sont infinies.

Et j'aime me dire que ce petit coin tant imaginé sera ton abri.

Ton arbre de vie.

Préparer ta chambre

Ils tiraillent d'un coup.
Ils travaillent beaucoup.

Au plus les mois passent.
Au plus tu en prends de la place.

Alors tu t'étires,
                tu m'étires,

                      tu
                      les
                      tire.

                      Souffrir
                      à n'en plus finir.

                      Ligaments

Devoir m'aliter aura probablement été le défi le plus compliqué de toute ma vie.

Moi qui suis si investie dans mon travail et qui ne m'arrête jamais.

Être forcée à rester allongée pour te protéger.
Aura été une leçon de vie.

Je ne peux pas toujours tout quadriller.
Mon corps a parlé.
Il est temps de se reposer.

POSER.
PAUSE(R).
Prendre une pause
pour se re**PAUSE**r.

C'est fou comme tu es déjà proche de ton papa. Dès qu'il pose sa main sur nous, tu lui montres que tu es là.

Je m'impatiente de découvrir votre complicité à tous les deux et de nous voir tous les trois être les plus heureux.

Une chose est sûre, visiblement tu as besoin de repère.

Tout enfant a besoin
de repère,
de re-père,
de re-paire.

Et parfois face au miroir, je regarde mon nouveau corps qui se métamorphose et j'expérimente :

> sourire moqueur.
> sourire maux-cœur.
> sourire mot-cœur.

Je souris mon cœur et il n'y a que ça qui compte.

À **celleux** qui savent déjà tout.
À **celleux** qui sont bienveillants.es
À **celleux** qui sont alarmants.es
À **celleux** qui te racontent tout.
À **celleux** qui sont trop curieux.ses
À **celleux** qui ont disparus depuis 9 mois.
À **celleux** qui sont extrêmement heureux.ses
À **celleux** qui s'impatientent de nous voir à trois.

Cette page vous est réservée.

À vous de retrouver à quelle catégorie de proches vous appartenez.

La première fois que ça s'est produit je n'ai pas tout
de suite compris.

Mon tee-shirt humidifié et taché.

Juste au niveau des seins,
ça c'est malin !

Première petite perle de lait.

Grande émotivité.

Colostrum

Ce que l'on n'oublie pas de dire aux femmes enceintes :

- la grossesse c'est merveilleux
- la grossesse te va si bien, tu es radieuse
- non vraiment, sentir bébé bouger ce n'est pas douloureux, c'est magique
- tu oublieras tout le jour de la rencontre avec bébé
- profite, ça passe si vite
- tu verras, on dit toutes ça et finalement on en fait toujours un petit deuxième

Ce que l'on oublie de dire aux femmes enceintes :

- la grossesse ce n'est pas tous les jours marrants : épuisement moral, épuisement physique, certains jours sont vraiment éprouvants !
- tu en auras marre par moments
- tu culpabiliseras souvent mais pas de panique **c'est absolument normal.**

Survivre à la chaleur, c'est un défi.

Survivre à la chaleur, dans le sud de la France, c'est un défi.

Survivre à la chaleur, dans le sud de la France, en pleine canicule, c'est un défi.

Survivre à la chaleur, dans le sud de la France, en pleine canicule, en fin de grossesse, ce n'est plus un défi, c'est **LE** défi d'une vie.

Envole-toi, envole-moi ! Libère-toi joli papillon d'aile, en un battement d'aile, je te (re)viens t'un battement d'elle, je te (re)viens t'envoler sous mon nombril. Tu es mon papillon, en un...

Entre deux averses de larmes.
                        J'ai appris à aimer **être deux.**

Je crois que je commence un peu à m'agacer de toutes ces personnes inconnues qui se sentent obligées de raconter avec plus ou moins de détails la façon dont leur bébé est arrivé.

ne vous sentez pas concernés par ma maternité.

C'est fou de mettre ces petits bouts de nous, ces petits bouts de toi.
Dans une valise que l'on prendra avec nous, pour t'accueillir à toi.

Doux toi(t) à roulettes.

Marcher
pour
bouger.

Marcher pour
rester en forme.

Marcher pour apaiser les
tensions.

Marcher pour déclencher le travail.

La solution à tout ? Marcher.
L'escalier de la maternité

Des yeux verts comme ton arrière-grand-père ?
Des yeux noirs comme ton père ?
Des yeux marrons comme ta mère ?
Des yeux bleus comme ta grand-mère ?

J'ai bien réfléchi et je n'ai plus de préférence sur leur couleur,
Je veux juste que tu aies les yeux bonheurs.

Juin toi à moi.

Mois 8

---

9 mois de toi.

Ce mois semble aussi long qu'éphémère.

J'ai vécu une grossesse

éphémère

ephé-mère

effet-mère

Mois 9

J'ai beau être féministe,
J'ai beau prôner la diversité des corps,
J'ai beau être activiste.
J'ai beau être souvent en désaccord.
J'ai beau les dessiner, les observer.
J'ai beau les aimer.

Je crois que je n'aime pas ces constellations qui maintenant forment mon corps.

Je ne reconnais plus mon corps.
Regarde comme il se détériore !
Je dois vous l'avouer,
non pas sans regret.

Mon féminisme en prend un coup,
mais je ne m'aime plus beaucoup.
J'ai l'impression d'avoir mis un pied dans les ténèbres,

Depuis que je suis devenue zèbre.

Des vergetures, partout.

ça me gonfle
tellement
de tellement
GONFLER

Mes joues sont en automne.
Il y pleut des larmes,
Un torrent de larmes.
Ma météo intérieure est monotone.

Je suis usée,
épuisée.

Ce dernier mois va-t-il prendre fin un jour ou durera-t-il toujours ?

Dernière ligne droite

- Comment se passe la cohabitation
au neuvième mois ?

- Je m'active. Elle s'active. Je me désactive.
Parce qu'elle est trop réactive.

Je m'impatiente,
du temps qu'il me reste à passer sans toi.
Je m'impatiente,
de me réapproprier mon corps sans toi.

Impatience

Je ne me suis pas stressée une seule fois à l'idée de te rencontrer et pourtant depuis quelques jours je suis tétanisée.

Chaque journée de plus me rapproche du moment où je vais pouvoir
te rencontrer,
te toucher
et profondément t'aimer.

        t'aimer
        t~~-ai~~mer
        tamer(e)

Je vais devenir mère.
        TA
        MÈ
        RE.

Tu aurais quand même pu nous donner la date et l'heure de ton arrivée.

Ce n'est pas qu'on commence à s'impatienter mais je crois que mine de rien on aurait préféré connaître d'avance le moment où tu vas pointer le bout de ton nez, pour que l'on puisse se préparer à ce que tout soit chamboulé pour l'éternité.

Il était une ~~fois~~.
      TOI

Naître
Co-naitre
Re-naitre

Naissance (f)estivale
Bébé d'été

Surfer sur des vagues toujours plus grandes.

douleur ... *repos* ... *douleur* ... *repos* ... *douleur* ...

Contractions

Accouchement *(n.m)* :

Réussir, malgré une fatigue monumentale, à trouver une puissance animale et une force bestiale pour rencontrer un petit être mémorable.

Ce mercredi soir, le 28 juillet à 19 h 19 tapantes, nous avons eu toutes les deux la chance de **co-naître.**

Désormais, il ne nous reste plus qu'à prendre le temps de mieux nous **connaître**.

Tu es *arrêvée* dans nos vies.

Depuis que tu es arrivée,
j'ai l'impression de vivre
un rêve éveillé.

Quand tu pleures et que je n'arrive pas à te consoler j'ai l'impression d'échouer.

Échec et Mat(ernité).

Le club des échecs

Être dans l'air du temps et passer dans l'ère du tant :

tant à faire
tant à penser
tant à partager

Chaque jour.
Même heure.
Alternance des jambes,
pour contrôler la douleur.
15 jours.
Piqûre en prévention.
De potentielles complications.

Chaque post-partum est unique.
Le mien se compose de grosses fatigues, de saignements longs et de contractions presque aussi douloureuses que pour mon accouchement.
Chaque post-partum est unique.

> Et j'ai envie de dire : **heu**
> **reu**
> **sem**
> **ent.**

J'ai désormais une pluie d'étoiles filantes sur le corps.

Des milliers de constellations qui ne demandent qu'à venir illuminer mon cœur d'un peu de toi.

Ce corps que j'ai tant aimé critiquer est aujourd'hui si différent et pourtant mon envie de le critiquer n'est plus, ne reste plus que cette envie de l'aimer.

Pour ce qu'il est.
Pour ce qu'il a fait.
Pour ce qu'il a traversé.
Pour mon bébé.

Plus de jugement sur le corps
Tu laisses des traces

Allaiter pour te nourrir.
Allaiter pour te rencontrer.
Allaiter pour tisser un lien.
Allaiter pour choquer la société.
Allaiter pour contrer le capitalisme.
Allaiter pour t'offrir une meilleure santé.
Allaiter par militantisme.
Allaiter par nécessité.
Allaiter partout, tout le temps.
Allaiter pour t'apaiser.
Allaiter pour t'endormir.
Allaiter pour m'aimer.

Un mois.

Un mois de toi hors moi.

Un mois d'émoi.

N'oublie jamais,
j'ai été ta première cachette secrète.

Ce regard spécial entre nous
quand tu prends mon sein,
quand tu me vois apparaître dans la pièce,
quand tu t'endors dans mes bras.

Ce regard spécial entre nous qui est là depuis le premier jour comme si l'on se comprenait déjà.

Ton premier sourire est arrivé dans ma vie tel un éclat de rire.

Inattendu.
Un beau moment suspendu.

Ton premier sourire est déjà un si précieux souvenir.

Il y a quelque chose de réconfortant
dans le rangement.
Il y a quelque chose de poétique
dans le désordre.

                              Ma vie est un perpétuel désordre
                                      depuis ton arrivée.

                            C'est réconfortant de se dire que
                                 tu es la poésie de ma vie.

Le paradoxe de la maternité :

Tout te donner.
Finir par m'épuiser.
Vouloir me reposer.
Culpabiliser
de ne plus te donner.

Pluie de câlins.
Ta main qui cherche ma main.

Douceur du matin.
Ta main enfin dans ma main.

Je suis intimement persuadée que

ton
rire
peut
tout
guérir.

Devenir parent c'est à la fois :

épuisant,
exaltant,
exténuant,
passionnant,
éprouvant.

Comme par enchantement.

Ta curiosité
est une voie
lactée.
Un rêve étoilé.

pensée à mes draps qui tous les matins ôtés la sueur, retenu l'amour et le lait

Arrêter
d'allaiter
fut, dans ma maternité,
l'étape la plus douloureuse.
Impossible de m'en contenter,
ni même d'en être heureuse.

J'ai aimé t'allaiter,
pourtant j'ai aussi été
épuisé de t'allaiter.

Un matin j'ai eu moins de lait,
alors j'ai décidé d'arrêter.
Un peu par nécessité,
beaucoup pour me préserver.
Fatiguée, lassée,
de ces nombreuses nuits entrecoupées.

Et voilà qu'aujourd'hui,
j'ai une impression d'inaccompli.

8 mois d'allaitement,
8 mois en aimant,
8 mois de fusion
Pourtant je vis cet arrêt de lactation
comme une trahison.

Cette ambivalence,
causera certainement mon absence
ou ma renaissance.

Par moments rien ne va plus,
la fatigue cumulée aux nuits entrecoupées.
Mes bras lourds de te porter,
mes seins tombant de t'allaiter.

> Par moments,
> **j'ai envie de crier.**
> *De pleurer.*

Écrire est devenu mon seul exutoire.
Me plaindre devient
ma seule lumière dans le noir.

> *Je t'ai désirée, je t'aime et je t'aimerais.*

Mais dire
que ce n'est que du bonheur,
que c'est facile
et que je ne doute jamais
ce serait te mentir.

> Pire encore, ce serait me trahir.

Moi, la mère usée qui s'est fait pour promesse avant même de te porter.
De ne jamais, jamais, mettre ses émotions de côté.

> Par moments **tout va bien,**
> par moments *rien ne va plus.*

> Mais je t'ai voulue, alors, que veux-tu.

Entre les pages d'un livre,
une histoire prend toujours vie.

Mon histoire a commencé
quand j'ai rencontré ton père
mais elle a pris vie à ta naissance.

De toute évidence,
la littéraire que je suis,
a enfin achevé
le manuscrit de sa vie.

MA PLUS BELLE MAISON C'EST BIEN TOI(T)

Il y a un an,
jour pour jour.
Je vivais ce moment hors du temps,
la naissance de notre amour.

Une année.
Comment une année a-t-elle bien pu s'écouler ?

En une année j'ai été épuisée et animée par ton tire.
En une année j'ai été rassurée, consolée et charmée
par tes sourires.

Comment est-ce possible qu'en une seule année,
je ne puisse plus me passer de toi,
de nos réveils entrelacés,
et de tes doigts potelés contre mes doigts à moi ?

On s'est rencontré en plein mois de juillet.
Durant tout une année,
je t'ai apprivoisé et aimé,
je suis prête pour l'éternité à tes côtés.

J'ai par moment envie de tout rembobiner,
notamment nos matinées lactées et rêvées.

Tu le sais, maman est une grande nostalgique,
pourtant j'ai beau avoir envie d'un retour en arrière,
je sais d'avance que l'avenir à tes côtés sera magique.
Je n'ai plus peur du futur, je peux cesser de penser à
hier.

Le monde peut bien s'arrêter de tourner,
tu es là désormais.

Chaque moment à tes côté est réellement précieux.
La vie à trois est tellement plus belle qu'à deux.

Merci à Clémentine de Bliss de parler de maternité décomplexée chaque lundi.

Merci à Louise Chabbat de montrer la maternité, la vraie, sur Instagram.

Merci à Cécile Doherty Bigara d'avoir osé écrire « *Nouvelle Mère* ».

Merci à mon corps pour avoir tenu le cap durant ces neuf mois de grossesse et ces longs mois de post-partum.

Merci à ma fille de m'avoir choisie comme maman.

Merci à Yanis d'être lui et de nous aimer si fort toutes les deux.

Merci à ma mère, ma sœur et mon père de m'avoir écoutée me plaindre à toute heure du jour et de la nuit.

Merci à ma belle-famille pour me laisser parler ouvertement de tout, toujours.

Merci à vous lecteurs.ices de me lire, de m'écrire et de faire vivre la poésie.

Je me suis mise à nu dans ce livre pour que tu puisses à ton tour te sentir capable de le faire.

Non, la maternité ce n'est pas *que* du bonheur. Alors, si tu as besoin de laisser sortir tes peurs, tes craintes et tes peines, mais aussi tes joies, tes succès et tes bonheurs, prends un stylo et écris.

Tu verras, c'est revigorant et déculpabilisant.

_____
_____
_____
_____
_____
_____
_____
_____
_____
_____
_____
_____
_____
_____
_____
_____
_____
_____
_____
_____

Ce livre a été imprimé en Allemagne.
Dépôt légal : Octobre 2022